Chateauneuf

Chateauneuf

I 27
n

VIE

DU MARÉCHAL

LANNES,

DUC DE MONTEBELLO, COLONEL-GÉNÉRAL DES
SUISSES, GRAND-AIGLE DE LA LÉGION D'HON-
NEUR, COMMANDANT DE L'ORDRE DE LA
COURONNE DE FER, GRAND - CROIX DES
ORDRES DU CHRIST ET DE SAINT - HENRI,
CHEVALIER DE L'ORDRE DE S.-ANDRÉ, etc.

PAR A. CHATEAUNEUF.

A PARIS,

Chez l'Editeur, rue des Bons Enfans, n.º 34.

1813.

L'auteur de la Vie du Maréchal Duc de Montebello, fera imprimer successivement *l'Histoire des Généraux célèbres* morts depuis 1792 jusqu'à nos jours.

De l'Imprimerie de M.e DUMINIL-LESUEUR, rue de la Harpe n.° 78.

LANNES,

Ses combats en Italie et en Égypte.

LE général Lannes, né à Lectoure, dans le département du Gers, en 1771, partit, comme soldat, pour l'armée des Pyrénées-Orientales, où il mérita, par 1792. son courage, le grade de colonel. Réformé par un représentant du peuple nommé Aubri président d'un comité militaire de la Convention, il s'indigne du repos où il est condamné, et se rend, comme simple volontaire, à l'armée d'Italie. Ses premiers combats attirèrent

An 4. sur lui tous les yeux de l'armée. Après celui de Millesimo, il fut nommé sur le champ de bataille, par Bonaparte, colonel du vingt-neuvième régiment, dont le chef venait de perdre la vie. A la bataille de Bassano, il enleva deux drapeaux. Six mille ennemis surprirent les Français retirés sur les hauteurs de Dego; Lannes, en ralliant nos colonnes, montra une qualité nouvelle; le sang-froid du courage, *le premier don de la nature*, dit Voltaire, *pour le commandement* (1).

Le 18 floréal, il passa le premier le Pô, à la tête d'un bataillon de grenadiers; il attaqua huit mille ennemis retranchés au village de Fombio, sou-

(1) C'est ce que les anglais appellent *cold ead*, tête froide. Turenne et Malborough avaient cette qualité au plus haut degré.

tenus de dix mille cavaliers, et défendus par vingt pièces de canon. Il les chassa devant lui jusqu'à l'Adda, fit des prisonniers, et s'empara de presque tout le bagage. A la bataille de Lodi, il se précipita à la tête des colonnes, et contribua à cette victoire que les Français disputaient depuis deux jours aux Autrichiens.

L'armée française, sous Bonaparte, marchait à de nouveaux succès, lorsque les habitans de Pavie prirent les armes pour s'opposer à son passage. Lannes fut un des officiers choisis par le général en chef pour les soumettre. Placé à l'avant-garde, il voit un rassemblement de huit cents hommes, en avant du village de Binasco; il fond sur eux et brûle le village. Le lendemain Pavie fut prise d'assaut. Ces exploits l'élevèrent au grade de général de brigade.

Au siége de Mantoue, il se porta,

avec six cents grenadiers, sur le faubourg de Saint-Georges, l'enleva à la
baïonnette, et s'empara de la tête du
pont de cette place. Il fut blessé au
combat de Governolo, et à la bataille
d'Arcole. Le lendemain il apprend que
la victoire est encore incertaine, que
la fureur est égale entre les deux armées, et que le général en chef Bonaparte se porte lui-même à la tête de
ses colonnes; il s'élance du lit où ses
douleurs le retiennent, monte à che-
val, et se précipite au milieu des balles
et de la mitraille; un coup de feu le
renverse sans connaissance. Peu de
tems après, il marcha sur Rome, unie
aux rois ennemis de la France. Il
pénètre à Immola, et enlève les retranchemens, défendus par quatre mille
soldats romains. Pie VI demanda la
paix : le général Lannes fut envoyé à
Rome. Le pontife lui fit cet accueil

que les papes ont toujours fait aux am-
bassadeurs d'une puissance qui imposa
à leur faiblesse.

Ce général suivit Bonaparte en Egy- An 6.
pte. Il signala sa valeur à Malte, au
débarquement d'Alexandrie, et dans
tous les combats qui précédèrent l'entrée des Français au Caire. Sa division
poursuivit Ibrahim-Bey et ses terri-
bles Mamelucks. Après le siége de
Saint-Jean-d'Acre, où il montra un
courage et une constance héroïques,
il protégea le retour des Français en
Égypte, par ses dispositions à l'avant-
garde de l'armée.

Bonaparte quitta le Caire, avec presque toutes ses forces réunies, pour
s'opposer au débarquement des Turcs
à Aboukir. Le général Lannes passa le
Nil pendant la nuit, et se trouva au
combat qui mit une seconde fois le fort
au pouvoir des Français. A la bataille

d'Aboukir, sa division se porta, sur la
montagne de Sables , contre deux
mille Turcs, défendus par six gros canons ; la terreur qu'il portait fut si
grande , que ces Turcs éperdus se je-
tèrent dans la mer : plus de dix mille
y périrent , refoulés vers le rivage par
la cavalerie du général Murat. La pein-
ture a déjà consacré cette étonnante
victoire, en attendant que l'histoire
l'immortalise. Le général Lannes in-
vestit Aboukir ; il attaqua de vive force
la redoute et les retranchemens , qui
furent emportés : il fut dangereuse-
ment blessé dans ce dernier combat.

an 8.   Après la révolution du 18 brumaire,
à laquelle il avait puissamment contri-
bué, il alla commander à Toulouse,
où respiraient encore des factions.
« Malheur , disait-il dans sa procla-
« mation aux habitans de cette ville ,
« malheur à celui qui voudrait venger

« ses querelles, en feignant de venger
« celles de la France. »

Lannes déposa dans le temple des
Invalides, à Paris, les trente-deux
drapeaux pris par l'armée d'Egypte.
« L'armée d'Egypte, dit-il, après avoir
« traversé des déserts brûlans, triom-
« phé de la faim et de la soif, se trouve
« devant un ennemi fier du nombre
« de ses soldats, de ses premiers suc-
« cès, et qui croit trouver une proie
« facile dans des troupes abattues par
« la fatigue et les combats. Ignorait-il
« que le soldat français est plus grand
« parcequ'il sait souffrir que parce-
« qu'il sait vaincre : que son courage
« s'irrite et s'accroît par le danger ?
« Trois mille hommes, vous le savez,
« fondent sur dix-huit mille Turcs, les
« enfoncent, les renversent, les ser-
« rent entre leurs rangs et la mer : la
« terreur de nos baïonnettes est telle,

« que les Musulmans, forcés de choi-
« sir leur mort, se précipitent dans les
« abîmes de la Méditerranée. »

Le général Lannes fut un des guer-
riers placés par Bonaparte à l'avant-
garde de cette armée de réserve créée
comme par enchantement pour déli-
vrer Gênes et toute l'Italie. Vers les
derniers jours du mois de floréal, il
rencontre l'ennemi à Châtillon, près
d'Aoste, enlève ce village à la baïonnette, escalade la citadelle d'Yvrée,
prend la ville, s'empare du canon, et
poursuit l'ennemi qui se sauve vers
Turin. Trois jours après, sur les bords
de la Chiusella, le centre de sa division s'élança sur le pont, tandis que
deux bataillons se jetaient dans la ri-
vière au milieu d'une grêle de balles
et de mitraille. Les doubles lignes au-
trichiennes forcées cherchèrent leur
salut dans la fuite. A Pavie, Lannes

devance l'ennemi, et s'empare de toute l'artillerie. Il harangue ainsi l'avant-garde : « Soldats, nous marchons pour » cueillir de nouveaux lauriers : je ren- » verrai sur les derrières de l'armée » le camarade indigne qui se souillera » d'une atteinte aux propriétés ; il ex- » piera, dans la nullité et le mépris, le » crime d'avoir compromis le nom » français, qui fut confié si grand à » votre courage. »

Arrivé sur les rives du Pô, il engage une canonnade, passe ce fleuve, s'empare de la célèbre position de la Stradella, intercepte ainsi la seule communication qui reste aux Autrichiens, et les force à se retirer vers Plaisance. A la bataille de Montebello, tous ses corps réunis chargent à la fois, la baïonnette en avant, enfoncent l'ennemi, et le poursuivent jusqu'à Voghera. A la bataille de Marengo, il soutint pendant sept heures, avec son avant-garde, tout l'effort de l'armée autrichienne, et les foudres de quatre-vingts pièces de canon. Cinquante grenadiers de la garde des consuls, commandés par lui, arrêtèrent dix mille hommes de cavalerie, et soutinrent trois charges sans se rompre. Il montra dans cette bataille cette tranquille sérénité qui, du visage du général, se répand sur les officiers, et jusqu'au dernier soldat d'une armée.

GRANDE ARMÉE.

Bataille d'Austerlitz.

LANNES fut un des premiers généraux élevés par Napoléon Bonaparte au rang de maréchal d'empire; il le suivit en Allemagne. Au combat de Wer- 1805. tingen, il prit toute une division de l'armée autrichienne : à Guntzbourg, il renversa plusieurs rangs d'ennemis sous les yeux de l'Empereur : à Albck, vingt-cinq mille Autrichiens entourèrent six mille de ses soldats; il fit face à ce nombre prodigieux, et emmena cinq cents prisonniers. Son corps d'armée était rangé en bataille devant Ulm, quand cette place, qui enfermait vingt-quatre mille combattans, capitula (1). Napoléon avait déjà vaincu cent vingt mille hommes. On n'avait jamais vu de si grands événemens décidés en si peu de jours. Le maréchal Lannes prit Braunau avec quarante-cinq canons, et Lintz, dont la caisse enfermait plusieurs millions de florins.

Il passa le premier le pont du Danube, quand Vienne se rendit à l'Empereur. Il rencontra l'armée des Russes à Hollabrün, et la chassa par plusieurs charges de cavalerie : il les attaqua de

(1) « Si je prends cette place d'assaut, » dit l'Empereur au général ennemi, je » serai obligé de faire ce que j'ai fait à Jaf- » fa, où la garnison fut passée au fil de » l'épée. C'est le triste droit de la guerre ; » vous le savez. Je desire qu'on épargne » à la brave nation autrichienne la néces- » sité d'un acte aussi effrayant.

front à Junterdorf. Tout l'espoir de l'empereur d'Autriche était dans ces étrangers, ses auxiliaires. A Austerlitz, M. de Kutusow en commandait soixante-douze mille contre quarantedeux mille Français ; mais les Français avaient à leur tête Napoléon, qui forme ses plans de bataille comme Alexandre, et les change soudain par une inspiration divine. Lannes défit le prince Bagration à cette bataille. « Ce » maréchal, aussi prudent que brave, » aussi instruit dans l'art militaire » qu'intrépide », dit le rapport officiel écrit sous les yeux de Napoléon, le premier juge de la valeur ; « ce » maréchal avait, pour couvrir la gau» che des Français, et sa retraite, en » cas de revers, l'excellente position » de Santon, à la gauche de la chaus» sée de Brunn ; il s'était, sur ce point, -» tellement fortifié d'après les ordres

» de l'Empereur, que, non-seulement
» l'avant-garde de l'armée russe, mais
» encore toute cette armée l'eût atta-
» qué en vain. Le prince Bagration,
» déjà sûr de la victoire, se présente
» devant cette position, qui ne paraît
» gardée que par un seul régiment d'in-
» fanterie. Il attaque ; aussitôt deux
» mille Russes sont foudroyés par
» quarante pièces d'artillerie. Le prin-
» ce Bagration abandonne son entre-
» prise : sans cette prudence, il n'eût
» pas ramené un seul homme. »

CAMPAGNE DE PRUSSE.

Batailles d'Iéna , de Pultuek , et de Friedland.

A peine l'Autriche avait-elle signé la paix à Presbourg , que le roi de Prusse menaça la France. Pendant 1806. que le prince de Ponte-Corvo , au combat de Scheleitz , dissipait devant lui la cavalerie prussienne, le maréchal Lannes , se précipitant des hauteurs de Graffenthat , attaqua l'avantgarde ennemie. Le prince Louis, qui la commandait , ne put résister à l'impétuosité du maréchal , qui renversa l'infanterie prussienne , et la dispersa dans les bois. Ce jeune prince se prit

corps à corps avec un simple hussard
français : « Rendez-vous, lui dit le hus-
» sard, ou vous êtes mort. » Le prince
répond par un coup de sabre ; le soldat porte un coup de pointe : le prince
tombe mort.

Avant d'engager la bataille à Iéna,
il fallait que l'armée forçât le passage
d'une chaussée pour s'élever sur un
plateau où quatre bataillons pouvaient se déployer à peine. A ce cri,
Marchons ! Lannes descendit du plateau dans la plaine ; les ennemis
avaient un front de six lieues d'éten-
due. L'Empereur le plaça au centre
de son armée. Les Prussiens livrèrent
un combat furieux pour nous enlever
un village ; Lannes y fit avancer ses
troupes par échelons, et soutint le
village contre tout l'effort de l'armée
ennemie. Il faillit à perdre la vie ; un
biscaïen rasa sa poitrine sans le blesser.

Le roi de Prusse, sans songer à couvrir Berlin, se retirait vers l'Oder. Il fut prévenu ; Lannes arriva à Dessau, ville forte, et fit réparer le pont qu'on avait brûlé. Sa présence hâta la capitulation de Magdebourg. Après avoir écarté tous les obstacles devant lui, il se présenta devant Pultuck. Il s'élança, à la tête d'une colonne, contre toute l'armée russe, rangée en bataille, et fit six mille prisonniers. Il poursuivit le général Beningen. L'actiou commença à trois heures ; on combattit jusqu'à onze heures du soir. Les Russes vaincus, se rallièrent à Eylau, où le maréchal Lannes se couvrit d'une nouvelle gloire.

9.be
1806.

Il fut un des premiers engagés à la bataille de Friedland. Le succès fut balancé jusqu'à la nuit. Un changement de front, ordonné par l'Empereur à la droite de l'armée, commença et décida la victoire : plusieurs colonnes ennemies furent précipitées dans le fleuve. Les Russes tentèrent un dernier effort sur le centre : mais le maréchal Lannes était sur le champ de bataille; toutes leurs charges vinrent expirer sous les baïonnettes de ses soldats. On combattit jusqu'à onze heures de la nuit la plus sombre. Les Russes, en dix-huit jours, avaient perdu soixante mille hommes : ils demandèrent la paix, que Napoléon leur accorda. A la fin de cette campagne, l'Empereur donna au maréchal Lannes le titre de duc de Montebello, titre, en quelque sorte, emporté par l'épée du maréchal dans les plaines d'Italie. Napoléon, en conférant à ses généraux ces noms fondés sur la victoire, est, de tous les souverains du monde, celui qui accorde les titres les plus incontestables, sans craindre de les épuiser.

ARMÉE D'ESPAGNE.

Bataille de Tudela. Siége de Sarragosse.

Quand le maréchal Lannes, duc de Montebello, vint combattre en Espagne, trois armées ennemies avaient été détruites, en un mois, par les lieutenans de l'Empereur. Les provinces de Castille, de la Mantana, d'Aragon, étaient conquises Le duc de Montebello, avec trois mille hommes, reçut l'ordre d'attaquer de front l'armée d'Andalousie, de la Nouvelle-Castille, et d'Aragon. Le général espagnol, à l'approche du duc de Montebello, abandonne ses deux positions à Calahono et à Alfaro. Le duc le suit, et rencontre son avant-

garde. Castanos avait avec lui sept di-
visions et quarante pièces de canon
pour couvrir sa ligne. « Le duc de
» Montebello fit déployer nos colon-
» nes , dit le rapport officiel , avec ce
» sang-froid , cet ordre , cette régu-
» larité dignes d'un vieux général ».
L'impétuosité française n'attendit pas
qu'on eût disposé nos batteries ; le
duc de Montebello avait déjà enfoncé
le centre , enveloppé la droite de l'armée espagnole ; toute la ligne ennemie fut détruite.

Il poursuivit sa marche sur Sarragosse : les paysans de l'Aragon s'étaient
joints aux habitans ; ils étaient cinquante mille formés en régimens. Tous
les moines étaient généraux , officiers ,
ou sergens. Les débris de l'armée espagnole , échappés à la bataille de Tu-
dela , s'étaient enfermés dans la ville.
Le général français tenta inutilement

de ramener les esprits ; on les avait
trop animés : on leur avait annoncé
l'arrivée d'une armée anglaise pour les
secourir. Il fit alors réunir les équi-
pages des mines pour la guerre sou-
terraine qu'il préparait. Cependant il
permit qu'on entrât dans la ville , afin
que les assiégés , apprenant que les
Anglais étaient repoussés , se rendis-
sent à la vue du danger dont ils étaient
environnés ; ils ne furent que plus
inflexibles. Le duc de Montebello dé-
masqua ses batteries ; quelques heures
après , la brèche fut praticable. Un
officier des voltigeurs de la Vistule ,
M. de Bobiesky , âgé de dix-sept ans ,
déjà couvert de sept blessures , s'y
présenta le premier , le capitaine Guet-
teman , à la tête de trente-six grenadiers du 44.e régiment , y monta avec
une audace sans exemple. Trois mines ,
conduites de front , firent sauter toutes

les maisons où l'Espagnol se défendait. Les Français arrivèrent ainsi jusqu'au Corso, grande rue de Sarragosse.
Pendant que la sape et la mine éten-
daient leurs ravages, mille globes de
feu incendiaient le cœur de la ville.
Au croulement des édifices, au bruit
effroyable des bombes, on croyait
entendre tomber la foudre dans la
bouche enflammée d'un volcan. La
ville ne demandait pas encore à ca-
pituler ; le duc de Montebello plaça
sur la rive gauche du faubourg une
batterie de cinquante pièces de canon.
Alors ses feux se croisèrent. Il s'avan-
ce, tue un grand nombre d'Espa-
gnols ; ordonne qu'on traverse la
grande rue par des caponnières. Deux
fourneaux de mines font sauter un
des plus vastes bâtimens de la ville;
alors la terreur saisit tous les habitans. Quarante mille hommes d'in-

fanterie espagnole et deux mille cavaliers posèrent les armes , et remirent
quarante drapeaux , avec cent cinquante pièces de canon. Ce siège avait
coûté vingt mille hommes aux Espa-
gnols ; quinze mille étaient dans les
hôpitaux ; l'épidémie en faisait mou-
rir cinq cents par jour.

Le duc de Montebello ne voulut ac-
corder aucune capitulation à la ville :
toute la garnison fut prisonnière ; les
armes furent déposées aux portes des
maisons. « Cette malheureuse ville ,
» dit le rapport officiel , offrit un
» exemple mémorable des maux qu'en-
» traîne le fanatisme : il y avait sur
» toutes les places des potences dres-
» sées par les moines pour pendre tous
» ceux qui parlaient de se rendre. Tous
» ces moines furent fusillés par l'ordre
» du vainqueur. »

GRANDE ARMÉE.

Prise de Ratisbonne. Entrée dans Vienne. Bataille d'Esling. Mort du duc de Montebello.

PENDANT que le duc de Montebello remportait des victoires en Espagne, une armée autrichienne s'avançait vers nos frontières. A la bataille d'Abensberg, les ennemis, renversés par son impétuosité ordinaire, lui laissèrent douze canons et dix-huit cents prisonniers. Cependant mille de nos soldats, qui gardaient le pont de Ratisbonne, ayant épuisé leurs cartouches, sont forcés de se rendre à l'armée autrichienne. L'Empereur, indigné de cet affront fait aux armes françaises, jur

que dans les vingt-quatre heures le sang
ennemi coulerait dans Ratisbonne. Il
trouva à Echmül les quatre corps de
l'armée autrichienne, formant cent
dix mille hommes, sous les ordres de
l'archiduc Charles. Le duc de Montebello s'élança le premier, et déborda
l'ennemi par la gauche. On vit alors
un des plus grands spectacles que la
guerre ait offert; cent mille ennemis
attaqués et tournés, et quatre-vingt
mille hommes de leur cavalerie sa-
brés, repassant le Danube en désor-
dre. L'Empereur fit mettre des canons
en batterie devant Ratisbonne. On
reconnut une issue d'où, à l'aide d'une
échelle, on pouvait descendre dans le
fossé, et remonter par une brèche
faite à la muraille; le duc de Montebello commande à un bataillon de passer par cette ouverture, de gagner une
poterne, et de l'ouvrir; l'ordre est
exécuté. Les Français entrent dans la

ville, renversent ou tuent tout ce qui
leur résiste.

Le duc de Montebello, après avoir
passé l'Inn, rencontra l'avant-garde ennemie près d'Amstetten. Un de ses régimens de chasseurs fit 500 prisonniers
à un régiment de houlans, et dissipa
le reste. M. de Lauriston, âgé de dix-
huit ans, combattit et terrassa le commandant du régiment autrichien. Il
l'amena prisonnier au quartier-géné-
ral. L'Empereur se présenta, le 10
mai, à neuf heures du matin aux portes de Vienne, le duc de Montebello
était à ses côtés. L'archiduc Maximilien, frère de l'Impératrice, commandait dans la ville : on répandit le
bruit que les habitans, animés par ce
jeune prince, étaient déterminés à se
défendre. Les Français ne pouvaient
croire qu'une ville, à laquelle Napoléon avait donné tant de marques de
sa générosité la première fois qu'il la

soumit à ses armes, lui opposât une résistance à elle seule funeste. En effet, les habitans de Vienne, suppliants ou soumis, se précipitèrent sur son passage; mais à peine nos premiers bataillons s'avancèrent-ils sur l'esplanade qui sépare la ville et les faubourgs, qu'ils furent reçus par la mousqueterie et des coups de canon. L'archiduc Maximilien s'était enfermé dans la place avec quinze mille hommes. Le duc de Montebello lui envoya une sommation; le bas peuple se jeta sur l'aide-de-camp qui la portait. Alors les habitans divisés se fusillèrent dans les rues. Napoléon, pour arrêter des flots de sang dans les deux partis, chargea les députés des faubourgs de Vienne de porter à l'archiduc Maximilien cette lettre, écrite par le prince de Neufchâtel, major-général de son armée : «S. M. l'Empereur et » Roi, mon souverain, desire épar-

» gner à cette grande et intéressante
» population les calamités dont elle
» est menacée, et me charge de re-
» présenter à V. A. que, si elle con-
» tinue à vouloir défendre la place,
» elle causera la destruction d'une des
» plus belles villes de l'Europe. Dans
» tous les pays où la guerre l'a porté,
» mon souverain a fait connaître sa sol-
» licitude pour écarter ces désastres des
» populations non armées. V. A. doit
» être persuadée que S. M. est sen-
» siblement affectée de voir au mo-
» ment de sa ruine, cette ville qu'elle
» tient à gloire d'avoir déjà sauvée. Ce-
» pendant, contre l'usage établi dans
» les forteresses, V. A. la fait tirer du
» canon du côté de la ville, et ce ca-
» non pouvait tuer, non un ennemi
» de votre souverain, mais la femme
» ou l'enfant de ses plus zélés servi-
» teurs. Si V. A. continue à vouloir
» défendre la place, S. M. sera for-

» cée de faire commencer les travaux
» d'attaque ; et la ruine de cette
» immense capitale sera consommée
» en trente-six heures, par le feu
» des obus et des bombes de nos
» batteries, comme la ville extérieure
» sera détruite par l'effet des vôtres.
» S. M. ne doute pas que toutes ces
» considérations n'engagent V. A. à
» renoncer à une détermination qui
» ne retarderait que de quelques mo-
» mens la prise de la place. Enfin, si
» V. A. ne se décide pas à prendre
» un parti qui sauve la ville, sa popu-
» lation, qui serait, par la faute de
» V. A., plongée dans d'aussi affreux
» malheurs, deviendrait, de sujets fi-
» dèles, ennemie de votre maison. »
L'Archiduc ne devait pas attendre cette
lettre d'un vainqueur offensé. Après
l'avoir lue, il redoubla le feu des
remparts. Napoléon, lassé de tant de
résistance, fit construire avec une in-

croyable rapidité un pont sur le Danube. En moins de quatre heures, les Français lancèrent dix-huit cents obus. La ville fut enveloppée de flammes : les bataillons de l'Archiduc qui osèrent s'avancer contre le pont en colonnes serrées, furent détruits par le canon, ou fuirent épouvantés. Ils entraînèrent l'Archiduc. Le général Oreilly, auquel il remit le commandement, fit cesser le feu de la place, et envoya des députés à l'Empereur. Les Français entrèrent dans Vienne.

Une des plus belles opérations qu'un général d'armée pût jamais concevoir, c'était de passer un fleuve comme le Danube devant l'ennemi. Vis-à-vis Ebersdorf, le Danube se divise en trois bras séparés par deux îles. De la rive droite à la première île, on compte deux cent quarante toises ; entre elle et la grande île est un canal de cent vingt toises : la grande île, nommée Lobau,

a sept mille toises de tour ; et le canal,
qui la sépare du continent, une largeur
de soixante-dix-huit toises. On s'é-
tonne d'un tel dessein ; mais rien n'est
impossible aux Français, conduits par
Napoléon ; il passa dans la grande île,
et fit jeter un pont sur le dernier bras
du Danube, entre Gross-Apern et
Esling. Les Autrichiens tentèrent de
culbuter son avant-garde dans le fleuve ;
ils attaquèrent vivement Masséna à
Gross-Apern. Le duc de Montebello
défendait Esling. L'armée autrichienne
avait encore deux cents pièces de canon. L'attaque fut rapide, la résistance
opiniâtre. Nos cuirassiers enfoncèrent
deux carrés, et s'emparèrent de qua-
torze canons ; le général Nansouty,
vers la nuit, fit exécuter plusieurs ma-
nœuvres hardies ; nous fûmes maîtres
du champ de bataille.

L'ennemi occupait un long espace ;
on prit la résolution de le percer par le

centre. Ce fut le duc de Montebello qui l'enfonça à la tête des assaillans. Tout-à-coup le Danube, enflé par les neiges, rompt les ponts; l'artillerie des Français, la grosse cavalerie, et le corps d'armée du maréchal Davoust, qui défilent, sont retenus sur la rive. Ce contre-temps si funeste décida l'Empereur à arrêter le mouvement en avant. Les Autrichiens, que le duc de Montebello avait mis dans la plus épouvantable déroute, fuyaient à marche précipitée. Ils apprennent que les ponts sont rompus. Le mouvement concentré et le feu ralenti des Français leur confirment cette nouvelle. Tout change à l'instant. Les Autrichiens se reforment, et attaquent les Français avec deux cents pièces de canon : ils voulurent trois fois s'emparer des villages d'Esling et de Gross-Apern; ils les remplirent trois fois des cadavres de leurs soldats : tous leurs grenadiers ne purent soutenir l'effort des fusiliers de la garde de l'Empereur des Français, commandés par le général Mouton. Sept mille Hongrois, qui s'étaient logés dans le cimetière d'Esling, furent passés au fil de l'épée. Le général Dorsenne, commandant de la vieille garde, s'était placé en troisième ligne. C'était un mur d'airain capable d'arrêter seul l'armée autrichienne. Cette armée tira quarante mille coups de canon, pendant que les Français, privés de leur parc de réserve, étaient obligés de garder leurs munitions pour quelque circonstance imprévue. Ces efforts incroyables les rendaient victorieux, quand le duc de Montebello fut frappé à la cuisse par un boulet. On le porta mourant auprès de l'Empereur, qui laissa tomber quelques larmes. Il dit à ceux qui l'entouraient :

« Il fallait que dans cette journée mon
« cœur fût frappé par un coup aussi
« sensible, pour que je pusse m'aban-

« donner à d'autres soins que ceux de
« mon armée ». Le duc de Montebello
revit un instant la lumière que la dou-
leur lui avait ravie ; il pressa l'Empereur dans ses bras, et lui dit ces der-
nières paroles : « Dans une heure vous
« aurez perdu celui qui meurt avec la
» gloire et la conviction d'avoir été
« votre meilleur ami ». Les chirurgiens
lui coupèrent la cuisse. On espérait
encore, lorsqu'une fièvre violente
survint : ses yeux se fermèrent. Sa
mort remplit de deuil l'armée vic-
torieuse.